COLECȚIA DE REȚETE PENTRU IUBITORUL DE CAFEA

100 DE REȚETE DIFERITE, DE LA CAPPUCCINO CLASIC LA LATTE DE SPECIALITATE

Gabriel Ghiță

Toate drepturile rezervate.

Disclaimer

Informațiile conținute în această carte electronică sunt menite să servească drept o colecție cuprinzătoare de strategii despre care autorul acestei cărți electronice a făcut cercetări. Rezumatele, strategiile, sfaturile și trucurile sunt doar recomandări ale autorului, iar citirea acestei cărți electronice nu va garanta că rezultatele cuiva vor oglindi exact rezultatele autorului. Autorul cărții electronice a depus toate eforturile rezonabile pentru a oferi informații actuale și exacte pentru cititorii cărții electronice. Autorul și asociații săi nu vor fi făcuți la răspundere pentru eventualele erori sau omisiuni neintenționate care pot fi găsite. Materialul din cartea electronică poate include informații de la terți. Materialele terților cuprind opinii exprimate de proprietarii acestora. Ca atare, autorul cărții electronice nu își asumă responsabilitatea sau răspunderea pentru orice material sau opinii ale terților. Fie din cauza progresului internetului, fie din cauza modificărilor neprevăzute ale politicii companiei și ale ghidurilor de trimitere editorială, ceea ce este declarat ca fapt la momentul scrierii acestui articol poate deveni învechit sau inaplicabil ulterior.

Cartea electronică are drepturi de autor © 2023 cu toate drepturile rezervate. Este ilegal să redistribuiți, să copiați sau să creați lucrări derivate din această carte electronică, integral sau parțial. Nicio parte a acestui raport nu poate fi reprodusă sau retransmisă sub nicio formă, fără permisiunea scrisă, expresă și semnată din partea autorului.

CUPRINS

CUPRINS 4

INTRODUCERE 8

DESERTURI CU CAFEA 10

    1. Tiramisu cu fructe de padure 11
    2. Cremă brulee de cicoare 13
    3. Fondue de moca 16
    4. Tiramisu 18
    5. Tort italian picant cu prune-prune 21
    6. Granita de cafea italiană 25
    7. Cortado de albine 27
    8. Granit de cafea 29
    9. Gelat cu cafea 31
    10. Înghețată de ciocolată plină 33
    11. Inghetata cu rom de ciocolata 36
    12. Cafea irlandeza 38
    13. Mousse de ciocolată dublă cu gheață 41
    14. Cappuccino frappe 44
    15. Brownies-uri moca înghețate 46
    16. Tort de cafea Bisquick 48
    17. Desert cu gelatina de cafea 51
    18. Mousse de cafea 53
    19. Desert cafea-agar cocos 57
    20. Italian Affogato 61

CAFEA INFUSATA CU CEAI 63

    21. Ceai Hong Kong preparat cu cafea 64
    22. Ceai cu gheață de cafea 66
    23. Cafea malaeziană cu ceai 68
    24. Bubble tea cafea cu gheață 70
    25. Cafea și mocktail Boba Earl Grey 72

26. Cafea-ceai verde din fructe de pădure.. 74

CAFEA INFUZĂ CU FRUCTE 76

27. Frappuccino cu zmeură... 77
28. Mango Frappe.. 79
29. Cafea cu Zmeura... 81
30. Cafea de Crăciun... 83
31. Cafea bogată din nucă de cocos... 85
32. Cafea Banana Ciocolata.. 87
33. Cafeaua Pădurea Neagră... 89
34. Cafea Maraschino... 91
35. Cafea Ciocolata Migdale... 93
36. Cafea Soda Pop.. 95
37. Mocha semi-dulce... 97
38. Cafea vieneza.. 99
39. Espresso Romano.. 101

CAFEA INFUSATA CU CACAO 103

40. Cappuccino Mocha cu gheață... 104
41. Cafea cu gheață originală... 106
42. Cafea cu aromă de moca.. 108
43. Mocha mexican picant... 110
44. Cafea de ciocolata.. 112
45. Cafea Mocha cu mentă.. 114
46. Mocha espresso italian.. 116
47. Cafele de ciocolata... 118
48. Cafea Amaretto Ciocolata.. 120
49. Float de cafea ciocolată mentă.. 122
50. Cafea cu cacao... 124
51. Mocha cu alune de cacao... 126
52. Cafea Ciocolata Menta.. 128
53. Cafea cu lapte.. 130
54. Cafea italiană cu ciocolată... 132
55. Mocha semi-dulce.. 134

CAFEA INFUSATĂ CU CONDITIONARE 136

56. CAFEA CU CONDIMENTE DE PORTOCALE..137
57. CREMĂ DE CAFEA CONDIMENTATĂ...139
58. CAFEA CONDIMENTATĂ CU CARDAMOM...141
59. CAFE DE OLA..143
60. CAFEA CU MIGDALE CU VANILIE..145
61. JAVA ARAB..147
62. CAFEA CU MIERE...149
63. CAFE VIENNA DESIRE..151
64. CAFEA CONDIMENTATĂ CU SCORŢIŞOARĂ...153
65. ESPRESSO CU SCORŢIŞOARĂ..155
66. CAFEA CONDIMENTATĂ MEXICANĂ..157
67. CAFEA VIETNAMEZĂ CU OU..159
68. CAFEA TURCEASCĂ...161
69. LATTE CU DOVLEAC CONDIMENTAT..163
70. CARAMEL LATTE..166

CAFEA PERFUZĂ CU ALCOOL..168

71. CAFEA CU ROM..169
72. CAFEA IRLANDEZĂ KAHLUA...171
73. CAPPUCCINO IRLANDEZ AL LUI BAILEY...173
74. CAFEA CU RACHIU..175
75. KAHLUA ŞI SOS DE CIOCOLATĂ...177
76. LICHIOR DE CAFEA DE CASĂ...179
77. CAFEA KAHLUA BRANDY...181
78. LIME TEQUILA ESPRESSO..183
79. CAFEA CU BRANDY ÎNDULCITĂ...185
80. DINNER PARTY CAFEA..187
81. CAFEA DULCE DE ARŢAR...189
82. VISUL DUBLIN..191
83. CAFEAUA DI SARONNO..193
84. CAFEA BAJA...195
85. CAFEA PRALINE..197
86. CAFEA CU VODKA..199
87. CAFENEAUA AMARETTO..201
88. CAFE AU CIN..203
89. CAPPUCCINO CU ŢEPI...205

90. Cafea gaelică...207
91. Cafea cu whisky de secară..209
92. Cafea cu rachiu de cirese..211
93. Cafea daneză..213
94. Whisky Shooter..215
95. Irlandeză veche bună...217
96. Bushmills Irish Coffee..219
97. Cafea irlandeză neagră..221
98. Cafea irlandeză cremoasă..223
99. Cafea irlandeză de modă veche...225
100. Cremă Lichior Latte..227

CONCLUZIE..**229**

INTRODUCERE

Bine ați venit în lumea fermecătoare a „Colecției de rețete pentru iubitorul de cafea". Cafeaua, elixirul dimineților și muza a nenumăratelor conversații, este o artă care aduce bucurie și confort oamenilor de pe tot globul. Această colecție de rețete este un tribut adus magiei care se întâmplă atunci când boabele de calitate se întâlnesc cu mâinile creative. De la aroma bogată a unei cupe proaspăt preparate până la textura catifelată care dansează pe cerul gurii, fiecare înghițitură a acestor amestecuri este o călătorie de încântare.

În aceste pagini, veți găsi o serie de rețete de cafea meticulos realizate, fiecare concepută pentru a vă îmbunătăți experiența de cafea. Fie că sunteți în căutarea unei explozii de energie pentru a vă începe ziua, a unui moment liniștit de mângâiere sau a unui sfârșit aromat pentru o masă somptuoasă, rețetele noastre se potrivesc fiecărei dispoziții și ocazii. Am colaborat cu cunoscători de cafea și experți culinari pentru a ne asigura că fiecare rețetă este o capodopera, combinând cele mai bune ingrediente cu tehnici precise.

Alăturați-vă nouă în timp ce ne îmbarcăm în această expediție senzorială, scufundându-ne în lumea fasolei, a băuturilor și nu numai. De la amestecuri clasice care au trecut testul timpului până la creații inovatoare care împing limitele gustului, „Brewing Bliss" este invitația ta de a explora nuanțele și versatilitatea cafelei ca niciodată înainte.

DESERTURI CU CAFEA

1. Tiramisu cu fructe de padure

Ingrediente

- 1 1/2 cesti cafea preparata
- 2 linguri Sambuca
- 1 lingura zahar granulat
- Recipient de 1 kg brânză mascarpone
- 1/4 cană smântână groasă
- 2 linguri de zahăr de cofetă
- Fursecuri Ladyfinger
- Pudră de cacao
- 2 cani de fructe de padure amestecate

Directii

a) Într-un castron puțin adânc, amestecați împreună 1 1/2 cană de cafea preparată, 2 linguri de Sambuca și 1 lingură de zahăr granulat până când zahărul se dizolvă. Într-un castron separat, amestecați un recipient de 1 kg brânză mascarpone, 1/4 cană smântână groasă și 2 linguri de zahăr de cofetă.

b) Folosind destui biscuiți pentru a acoperi fundul unui vas de copt pătrat de 8 inci, înmuiați degetele în amestecul de cafea și aranjați într-un strat uniform pe fundul tavii. Întindeți deasupra jumătate din amestecul de mascarpone. Repetați cele două straturi. Stropiți cu pudră de cacao și 2 căni de fructe de padure amestecate. Dați tiramisu la frigider pentru cel puțin 2 ore și până la 2 zile.

2. Cremă brulee de cicoare

Ingrediente

- 1 lingura de unt
- 3 căni de smântână groasă
- 1 1/2 cană de zahăr
- 1 cană de cafea cu cicoare
- 8 gălbenușuri de ou
- 1 cană zahăr brut
- 20 de fursecuri mici

Directii

a) Preîncălziți cuptorul la 275 de grade F. Ungeți 10 rame (4 uncii). Într-o cratiță, la foc mediu, combinați smântâna, zahărul și cafeaua.

b) Bateți până la omogenizare. Într-un castron mic, bateți ouăle până se omogenizează. Căliți gălbenușurile de ou în amestecul de smântână fierbinte. Luați de pe foc și răciți. Puneți o oală în ramekine individuale. Puneți ramekinele într-o tavă de copt.

c) Umpleți vasul cu apă care urcă pe jumătate din ramekin. Puneți la cuptor, pe grătarul de jos și gătiți până se fixează centrul, aproximativ 45 de minute până la 1 oră.

d) Scoateți din cuptor și apă. Se răcește complet.

e) Dă la rece până se răcește. Presărați zahărul deasupra, scuturând excesul. Cu o torță manuală, caramelizati zahărul deasupra. Serviți crema brulee cu prăjituri scurte.

3. **Fondue de moca**

Ingrediente

- 8 oz. Ciocolată semidulce
- 1/2 cană espresso fierbinte sau cafea
- 3 linguri de zahăr granulat
- 2 linguri de unt
- 1/2 lingurita Extract de vanilie

Directii

a) Tăiați ciocolata în bucăți mici și lăsați deoparte
b) Încălziți espressoul și zahărul într-o oală pentru fondue la foc mic
c) Adăugați încet ciocolata și untul în timp ce amestecați
d) Adăugați vanilie
e) Opțional: adăugați un strop de Irish Cream
f) De înmuiat: prăjitură Angel Food, felii de mere, banane, căpșuni, prăjitură cu liră, covrigei, bucăți de ananas, bezele

4. Tiramisu

Porții: 6

Ingrediente :

- 4 gălbenușuri de ou
- ¼ cană zahăr alb
- 1 lingura extract de vanilie
- ½ cană smântână pentru frișcă
- 2 căni de brânză mascarpone
- 30 de degete de doamnă
- 1 ½ cană de cafea preparată la rece, păstrată la frigider
- ¾ cană lichior Frangelico
- 2 linguri pudra de cacao neindulcita

Directii

a) Într-un lighean de amestecare, amestecați gălbenușurile de ou, zahărul și extractul de vanilie până devine cremos.

b) După aceea, bateți smântâna pentru frișcă până la fermitate.

c) Combina branza mascarpone si frisca.

d) Într-un castron mic, îndoiți ușor mascarpone în gălbenușurile de ou și lăsați deoparte.

e) Combinați lichiorul cu cafeaua rece.

f) Înmuiați imediat degetele în amestecul de cafea. Dacă degetele doamnei devin prea umede sau prea umede, se vor udă.

g) Așezați jumătate din degetele de doamnă pe fundul unui vas de copt de 9 x 13 inci.

h) Pune jumătate din amestecul de umplutură deasupra.

i) Puneți degetele rămase deasupra.

j) Pune un capac peste vas. După aceea, se răcește timp de 1 oră.

k) Pudrați cu pudră de cacao.

5. Tort italian picant cu prune-prune

Porții : 12 porții

Ingredient

- 2 căni Italiană cu sâmburi și sferturi
- Prune-prune, fierte până la
- Moale și rece
- 1 cană Unt nesărat, înmuiat
- 1¾ cani Zahar granulat
- 4 ouă
- 3 căni Făină cernută
- ¼ cană Unt nesarat
- ½ kilogram Zahăr pudră
- 1½ linguriță Cacao neîndulcită
- Vârf de cuțit de sare
- 1 lingura Scorțișoară
- ½ linguriță Cuișoare
- ½ linguriță Nucșoară măcinată
- 2 lingurite Bicarbonat de sodiu
- ½ cană Lapte

- 1 cană Nuci, tocate mărunt
- 2 Doua 3 linguri tari, fierbinti
- Cafea
- ¾ de lingurita Vanilie

Directii :

a) Preîncălziți cuptorul la 350°F. Unge și făină o tavă Bundt de 10 inci.

b) Într-un lighean mare, cremă untul și zahărul până devine ușor și pufos.

c) Bateți ouăle unul câte unul.

d) Combinați făina, condimentele și bicarbonatul de sodiu într-o sită. În treimi, adăugați amestecul de făină în amestecul de unt, alternând cu laptele. Bate doar pentru a combina ingredientele.

e) Adăugați prunele-prune fierte și nucile și amestecați pentru a se combina. Turnați în tava pregătită și coaceți timp de 1 oră într-un cuptor la 350 ° F sau până când prăjitura începe să se micșoreze de pe părțile laterale ale tavii.

f) Pentru a face glazura, cremă împreună untul și zahărul de cofetă. Adăugați treptat zahărul și pudra de cacao, amestecând constant până se omogenizează complet. Asezonați cu sare.

g) Se amestecă o cantitate mică de cafea la o oră.

h) Bateți până devine ușor și pufos, apoi adăugați vanilie și decorați tortul.

6. Granita de cafea italiană

Ingrediente

- 4 căni de apă
- 1 cană cafea espresso măcinată-prăjită
- 1 cană zahăr

Directii :

a) Aduceți apa la fiert, apoi adăugați cafeaua. Se toarnă cafeaua printr-o strecurătoare. Adăugați zahărul și amestecați bine. Lăsați amestecul să se răcească la temperatura camerei.

b) Prăjiți ingredientele într-o tigaie de 9x13x2 timp de 20 de minute. Folosind o spatulă plată, răzuiți amestecul (mi place personal să folosesc o furculiță).

c) Răzuiți la fiecare 10-15 minute până când amestecul devine gros și nisipos. Dacă se formează bucăți groase, pasați-le în piure într-un robot de bucătărie înainte de a le da înapoi la congelator.

d) Serviți cu o pufă mică de smântână rece într-un desert frumos, rece sau la clasă Martini.

7. **Cortado de albine**

Ingrediente :

- 2 shot-uri de espresso
- 60 ml lapte aburit
- 0,7 ml sirop de vanilie
- 0,7 ml sirop de miere

Directii :

a) Faceți un espresso dublu.

b) Aduceți laptele la fiert.

c) Se amestecă cafeaua cu siropurile de vanilie și miere și se amestecă bine.

d) Spumați un strat subțire deasupra amestecului de cafea/sirop adăugând părți egale de lapte.

8. **Granit de cafea**

Ingrediente

- 3 cesti de cafea neagra foarte tare proaspat facuta
- 1/3 cană zahăr superfin
- 1/4 linguriță extract pur de vanilie
- 1 cană apă, rece
- 1 cană smântână pentru frișcă
- 2 linguri alune prajite

Directii

a) Amestecați cafeaua fierbinte, zahărul și vanilia. Lasam sa se raceasca, amestecand din cand in cand pana cand zaharul s-a dizolvat. Adăugați apa rece și turnați într-un recipient pentru congelator.

b) Congelați până devine nămol. Rupeți ușor cu o furculiță, apoi continuați să congelați până când este aproape ferm.

c) Măcinați mărunt majoritatea nucilor și zdrobiți aproximativ restul. Bateți smântâna până devine spumoasă și adăugați nucile măcinate. Pune la congelator ultimele 15 minute înainte de servire.

d) Răciți 4 până la 6 pahare înalte. Scoateți granita din congelator și desfaceți-o cu o furculiță. Umpleți paharele răcite cu cristale de gheață de cafea. Acoperiți cu un vârtej de înghețată și presărați câteva dintre nucile zdrobite. Recongelați nu mai mult de o oră, apoi serviți direct din congelator.

9. **Gelat cu cafea**

Ingrediente

- 1 1/4 cani de smantana usoara
- 5 gălbenușuri de ou
- 1/2 cană zahăr superfin
- 1 lingurita extract pur de vanilie
- 1 1/4 cani de espresso extra-puter proaspat preparat

Directii

a) Se încălzește crema până când începe să bule, apoi se răcește ușor.
b) Într-un castron mare rezistent la căldură, bate gălbenușurile, zahărul și vanilia până devine groasă și cremoasă. Adăugați smântâna fierbinte și cafeaua, apoi puneți vasul peste o tigaie cu apă fierbinte. Amestecați constant cu o lingură de lemn până când crema acoperă partea din spate a lingurii.
c) Scoateți vasul de pe foc și răciți puțin. Când este complet răcit, turnați într-un aparat de înghețată și procesați conform instrucțiunilor producătorului sau utilizați metoda de amestecare manuală . Opriți agitarea când este aproape ferm, transferați într-un recipient pentru congelator și lăsați la congelator timp de 15 minute înainte de servire sau până când este necesar.
d) Această gelatoă este delicioasă proaspătă, dar poate fi congelată până la 3 luni. Scoateți cu 15 minute înainte de servire pentru a se înmuia ușor.
e) Face aproximativ 1 1/4 litri

10. Înghețată de ciocolată plină

Ingrediente

- 3 uncii de ciocolată neîndulcită, tocată grosier
- 1 cutie (14 uncii) de lapte condensat îndulcit
- 1 1/2 linguriță extract de vanilie
- 4 linguri de unt nesarat
- 3 galbenusuri de ou
- 2 uncii de ciocolată semidulce
- 1/2 cană cafea neagră tare
- 3/4 cană zahăr granulat
- 1/2 cană smântână ușoară
- 1 1/2 linguriță rom negru
- 2 linguri cremă de cacao albă
- 2 căni de smântână groasă
- 2 uncii de ciocolată neîndulcită, rasă fin
- 1/4 lingurita sare

Directii

a) În fierbere dublă, topiți 3 uncii de ciocolată neîndulcită. Adăugați lapte, amestecând până se omogenizează. Se amestecă extractul de vanilie și se ia de pe foc.

b) Tăiați untul în patru bucăți egale și adăugați, câte o bucată, amestecând încontinuu până când tot fundul a fost încorporat. Se bat gălbenușurile până se leagă și devin culoarea de lămâie.

c) Amestecați treptat amestecul de ciocolată și continuați să amestecați până devine omogen și cremos. Pus deoparte.

d) În fierbere dublă, încălziți 2 uncii de ciocolată semidulce, cafea, zahăr și smântână. Se amestecă constant până la omogenizare. Amestecați romul și crema de cacao și lăsați amestecul să se răcească la temperatura camerei.

e) Combinați ambele amestecuri de ciocolată, smântâna groasă, ciocolata rasă neîndulcită și șipca într-un castron mare. Turnați amestecul în recipientul de congelator de înghețată și congelați conform instrucțiunilor producătorului.

11. Inghetata cu rom de ciocolata

Ingrediente

- 1/4 cană apă
- 2 linguri cafea instant
- 1 pachet (6 uncii) chipsuri de ciocolată semidulce
- 3 galbenusuri de ou
- 2 uncii de rom negru
- 1 1/2 cani de smantana groasa, batuta
- 1/2 cană migdale felii, prăjite

Directii

a) Într-o cratiță mică, pune zahărul, apa și cafeaua. Amestecând constant, aduceți la fierbere și gătiți timp de 1 minut. Pune chipsurile de ciocolată într-un blender sau robot de bucătărie și, cu motorul pornit, toarnă peste siropul fierbinte și amestecă până la omogenizare. Se amestecă gălbenușurile de ou și romul și se răcește puțin. Îndoiți amestecul de ciocolată în frișcă, apoi turnați-l în feluri de mâncare individuale sau într-un preparat bombé. Se presară migdale prăjite. Îngheța.

b) Pentru a servi, scoateți din congelator cu cel puțin 5 minute înainte de servire.

12. Cafea irlandeza

Ingrediente

- 1 cană lapte integral
- 1½ linguriță cafea instant sau pudră espresso
- ⅔ cană zahăr brun, ambalat
- 1 ou mare
- 3 galbenusuri mari
- ¼ cană de whisky irlandez
- ½ linguriță extract de vanilie
- 2 căni de smântână groasă

Directii

a) Combinați laptele, cafeaua instant și zahărul într-o tigaie medie. Gatiti la foc mediu, amestecand pentru a dizolva zaharul, pana cand amestecul ajunge la fiert.

b) Bateți ouăle și gălbenușurile într-un castron mare. Când amestecul de lapte ajunge să fiarbă, se ia de pe foc și se trece foarte încet în amestecul de ouă pentru a-l tempera în timp ce amestecați constant.

c) Când tot amestecul de lapte a fost adăugat, puneți-l înapoi în cratiță și continuați să gătiți la foc mediu, amestecând constant, până când amestecul s-a îngroșat suficient pentru a acoperi spatele unei linguri, 2 până la 3 minute. Luați de pe foc și adăugați whisky, vanilie și smântână.

d) Se răcește amestecul de lapte la temperatura camerei, apoi se acoperă și se dă la frigider până se răcește bine, 3 până la 4 ore sau peste noapte. Turnați amestecul răcit într-un aparat de înghețată și congelați conform instrucțiunilor.

e) Transferați înghețata într-un recipient sigur pentru congelator și puneți-l în congelator. Lăsați-l să se întărească timp de 1 până la 2 ore înainte de servire.

13. Mousse de ciocolată dublă cu gheață

Ingrediente

- 3 până la 4 linguri de lapte foarte fierbinte
- 1 (1/4 oz.) plic gelatină fără arome
- 1 1/2 cani bucati de ciocolata alba
- 4 linguri (1/2 baton) unt nesarat
- 2 albusuri mari
- 1/2 cană zahăr superfin
- 1/2 cană ciocolată neagră tocată fin (doriți să păstrați puțină textură)
- 1/2 cană smântână groasă, bătută ușor
- 1/2 cană iaurt în stil grecesc
- 18 boabe de cafea sau stafide acoperite cu ciocolată
- 1 lingurita pudra de cacao neindulcita, cernuta

Directii

a) Se presară gelatina peste laptele fierbinte și se amestecă pentru a se dizolva. Dacă este necesar, puneți la microunde timp de 30 de secunde pentru a se dizolva. Topiți ușor ciocolata albă și untul până se omogenizează. Se amestecă gelatina dizolvată și se lasă deoparte să se răcească, dar nu o lăsa să se întărească din nou. Albusurile se bat spuma tare, apoi se adauga treptat zaharul si se adauga ciocolata neagra.

b) Îmbinați cu grijă ciocolata albă răcită, frișca, iaurtul și albușurile. Turnați amestecul în 6 forme individuale sau într-o formă mare, căptușită cu folie de plastic pentru o desfacere ușoară. Aplatizați bine vârfurile. Acoperiți și congelați timp de 1 până la 2 ore sau peste noapte.

c) Pentru a servi, slăbiți marginile superioare cu un cuțit mic. Întoarceți fiecare formă pe o farfurie de servire și ștergeți cu o cârpă fierbinte sau îndepărtați ușor mousse-ul cu folie de plastic. Puneți mousse-urile la congelator până sunt gata de mâncare. Se serveste cu boabe de cafea acoperite cu ciocolata sau cu stafide si o cerne usoara de ciocolata pudra.

14. Cappuccino frappe

Ingrediente

- 4 linguri de lichior de cafea
- 1/2 cană gelato cu cafea
- 4 linguri camera
- 1/2 cană smântână groasă, bătută
- 1 lingura pudra de cacao neindulcita, cernuta

Directii

a) Turnați lichiorul în baza a 6 pahare sau pahare rezistente la congelator și răciți bine sau congelați.
b) Pregătiți gelato conform instrucțiunilor până când este parțial înghețat. Apoi bateți în cameră cu un mixer electric până devine spumos, puneți imediat cu lingura peste lichiorul congelat și congelați din nou până când se întărește, dar nu tare.
c) Peste gelato se pune frișca. Se presară generos cu pudră de cacao și se pune la congelator pentru câteva minute până când ești absolut gata de servire.

15. Brownies-uri moca înghețate

Ingrediente

- 1 c. zahăr
- 1/2 c. unt, înmuiat
- 1/3 c cacao la copt
- 1 t. granule de cafea instant
- 2 ouă, bătute
- 1 l. extract de vanilie
- 2/3 c. făină universală
- 1/2 t. praf de copt
- 1/4 l. sare
- 1/2 c. nuci tocate

Directii

a) Combinați zahărul, untul, cacao și granulele de cafea într-o cratiță. Gatiti si amestecati la foc mediu pana se topeste untul. Se ia de pe foc; se răceşte timp de 5 minute. Adăugați ouăle și vanilia; se amestecă până când se combină.

b) Amestecați făina, praful de copt și sarea; pliază în nuci. Răspândiți aluatul într-o tavă de copt de 9"x9" unsă. Coaceți la 350 de grade timp de 25 de minute sau până când se fixează.

c) Se răceşte în tigaie pe un grătar. Întindeți Mocha Glazură peste brownies răcite; tăiați în batoane. Face o duzină.

16. Tort de cafea Bisquick

Ingrediente

Tort de cafea:
- 2 căni de amestec Bisquick
- 2 linguri de zahar
- 2/3 cană lapte
- 1 ou

Topping cu scorțișoară Streusel:
- 1 cană amestec Bisquick
- 2/3 cană zahăr brun ușor ambalat
- 2 lingurite de scortisoara macinata
- 1/4 cana unt nesarat

Directii

Pentru Streusel Topping
a) Într-un castron mediu, amestecați amestecul Bisquick, zahărul brun și scorțișoara.
b) Adăugați untul tăiat cubulețe. Folosește-ți mâinile pentru a sfărâma untul în amestecul uscat.

Pentru tortul de cafea
c) Preîncălziți cuptorul la 350°F. Tapetați o tavă de copt de 8×8 inci cu hârtie de copt sau ungeți-o. Pus deoparte.
d) Într-un castron mare, combinați amestecul Bisquick, zahărul, laptele și oul folosind o spatulă. Răzuiți vasul în jos.
e) Se toarnă aluatul de prăjitură în tava de copt pregătită și se netezește.
f) Presărați uniform topping de streusel peste aluat.

g) Coacem 20-25 de minute sau pana cand o scobitoare introdusa in centru iese curata.
h) Se lasa sa se raceasca in tava timp de 20 de minute inainte de a taia. Serviți și bucurați-vă!

17. Desert cu gelatina de cafea

Porții: 5

Ingrediente

- ¾ cană zahăr alb
- 3 plicuri (0,25 uncii) pudră de gelatină fără aromă
- 3 cesti de cafea fierbinte
- 1 ⅓ cană de apă
- 1 lingura suc de lamaie
- 1 cană frișcă îndulcită pentru garnitură

Directii

a) Într-o cratiță, amestecați zahărul și gelatina. Amestecați cafeaua fierbinte și apă. Gatiti la foc mic, amestecand des pana cand gelatina si zaharul s-au dizolvat complet. Se ia de pe foc și se amestecă cu zeama de lămâie. Se toarnă într-o formă de 4 1/2 cană.

b) Dă la frigider până se întărește, cel puțin 6 ore sau peste noapte. Se serveste cu frisca.

18.   Mousse de cafea

Porții: 4 persoane

Ingrediente

- 2 1/2 linguri de zahăr tos
- 4 ouă
- 3/4 cană + 2 linguri smântână grea
- 3 linguri praf de cafea instant
- 1 lingura pudra de cacao neindulcita
- 1 lingurita gelatina pudra
- 1 linguriță pudră de cafea instant și pudră de cacao, amestecate - opțional, pentru a termina mousse-ul

Directii

a) Separați gălbenușurile și albușurile. Puneți gălbenușurile într-un castron mare și albușurile în vasul mixerului. Pus deoparte.

b) Puneti gelatina praf intr-un castron mic cu apa rece, amestecati si lasati deoparte la macerat.

c) Adăugați zahărul tos la gălbenușurile de ou și amestecați până devine spumos și mai deschis la culoare.

d) Puneți smântâna grea, pudra de cafea instant și pudra de cacao într-o cratiță mică și încălziți-o la foc mic până când pulberile s-au dizolvat, amestecând ocazional. Nu lasa crema sa fiarba.

e) Turnați smântâna fierbinte peste gălbenușul de ou și zahăr în timp ce bateți. Bateți bine, apoi transferați înapoi în cratiță la foc mic. Continuați să bateți până când crema începe să se îngroașe, apoi luați direct de pe foc și transferați înapoi într-un castron mare și curat.

f) Adăugați gelatina rehidratată în cremă și amestecați bine până se integrează complet. Dați deoparte pentru a se răci complet.

g) În timp ce crema se răcește, începeți să bateți albușurile spumă pentru a obține vârfuri tari.

h) Când smântâna s-a răcit, adăugați ușor albușurile bătute spumă de 3 până la 4 ori. Încercați să nu suprasolicitați crema.

i) Turnați mousse-ul de cafea în căni sau borcane individuale și puneți-l la frigider pentru cel puțin 2 ore.

j) Opțional: când ești gata de servire, presară niște pudră de cafea instant și pudră de cacao peste mousse pentru a le termina.

19. Desert cafea-agar cocos

Porții: 4 porții

Ingrediente

- 1 1/2 cană de lapte de cocos neîndulcit, obișnuit sau cu conținut scăzut de grăsimi
- 1 cană lapte
- 1 cană de zahăr granulat, împărțit
- 2 linguri de pudră de agar, împărțite
- 1 lingurita sare
- 2 linguri granule de cafea instant
- 3 căni de apă

Directii

a) Adăugați lapte de cocos, lapte, 1/4 cană de zahăr, 1 lingură de pudră de agar și sare într-o cratiță de 1 litru; amestecați amestecul și aduceți-l la fierbere tare la foc mediu-mare, având grijă să nu lăsați lichidul să fiarbă. După ce amestecul de lapte de cocos a fiert tare timp de 30-40 de secunde, scoateți cratita de pe aragaz.

b) Turnați amestecul de lapte de cocos în formele dorite. Se lasa sa se raceasca.

c) Între timp, amestecați restul de 3/4 de cană de zahăr, 1 lingură de agar, cafeaua instant și apă într-o altă cratiță și aduceți-o la fierbere tare la foc mediu-mare. După ce amestecul a fiert timp de 30-40 de secunde, scoateți cratița de pe aragaz.

d) Verificați pentru a vedea dacă stratul de agar cu nucă de cocos s-a întărit. Nu vrei să fie complet solid; altfel cele două straturi nu se vor lipi și nu se vor aluneca unul pe celălalt când serviți desertul. Cu degetul atingeți ușor suprafața stratului de agar de cocos pentru a vedea dacă există o oarecare rezistență la suprafață. Dacă da, ținând cratița cât mai aproape de suprafața stratului de nucă de cocos, turnați foarte ușor stratul de cafea deasupra stratului anterior.

e) Lăsați agarul să se întărească. Acest lucru ar trebui să dureze aproximativ 40 până la 45 de minute la temperatura camerei și 20 de minute la frigider.

20.   Italian Affogato

Porții 1 porție

Ingrediente
- 2 linguri de inghetata de vanilie de calitate superioara
- 1 shot de espresso
- 1 lingură nucă sau lichior de cafea (opțional)
- ciocolata neagra, pentru ras deasupra

Directii

a) Preparați un espresso (unul de persoană). Puneți 1-2 linguri de înghețată de vanilie într-un pahar sau castron larg și turnați peste un shot de espresso.
b) Se toarnă 1 lingură de lichior de nuci nocino sau lichiorul la alegere peste înghețată și se rade peste puțină ciocolată neagră.

CAFEA INFUSATA CU CEAI

21. **Ceai Hong Kong preparat cu cafea**

Ingrediente

- 1/4 cană frunze de ceai negru p
- 4 1/2 căni de cafea preparată
- 5-8 linguri de zahar
- 3/4 cană jumătate și jumătate

Directii

a) Mai întâi preparați frunzele de ceai negru în 4 1/2 căni de apă. În timp ce ceaiul se înmuie, preparați cafeaua cu metoda preferată. Asigurați-vă că atât ceaiul, cât și cafeaua sunt destul de tari!

b) Când cafeaua și ceaiul sunt gata, combinați-le într-un castron mare sau într-o carafă. Se amestecă zahărul în amestecul de cafea/ceai și se adaugă jumătate și jumătate. Se amestecă bine și se servește!

c) Acest lucru face 8-10 porții, în funcție de dimensiunea cănii. Poți servi și acest ceai rece sau cu gheață!

22. Ceai cu gheață de cafea

Ingrediente

- cafea
- ceai blând
- gheață
- crema optional
- zahar optional

Directii

a) Puneți inserția K-cup de cafea în mașină. Adăugați gheață în ceașcă sau pahar. Așezați plicul de ceai pe orizontală deasupra gheții pentru a permite cafelei preparate să curgă prin plicul de ceai în timp ce se toarnă. Lăsați să se infuzeze câteva secunde după ce prepararea sa oprit. Apăsați plicul de ceai, având grijă să nu sparge plicul și scoateți-l din sticlă și aruncați-l.

b) Adăugați smântână sau zahăr, dacă doriți.

23. **Cafea malaeziană cu ceai**

Ingrediente

- 1¾ cani (438 ml) de apa
- 9 lingurițe (18 g) ceai negru de Ceylon din frunze vrac
- ⅓ cană (67 g) de zahăr turbinado
- 1 ⅔ cani (417 ml) lapte evaporat
- 1½ cani (375 ml) cafea tare, fierbinte

Directii

a) Într-o oală, amestecați apa cu frunzele de ceai. La foc mediu, aduceți la fierbere, reduceți focul la mic și fierbeți; 5 minute. Ceaiul ar trebui să fie destul de întunecat.

b) Scoateți oala sau opriți focul. Se amestecă imediat zahărul turbinado până când zahărul este în mare parte dizolvat; 1 minut.

c) Se amestecă laptele evaporat. Pune vasul înapoi pe foc mediu. Aduceți amestecul la fierbere, reduceți focul la mic și fierbeți; 3 minute.

d) Strecurați amestecul de ceai folosind o sită cu ochiuri fine căptușite cu pânză de brânză sau îndepărtați pliculețele de ceai, dacă folosiți.

e) Se toarnă cafeaua fierbinte; amestecați bine.

24. Bubble tea cafea cu gheață

Ingrediente

- Cuburi de gheata
- Cafeaua ta preferată, suficient de preparată pentru 4 căni
- 3/4 cană perle de tapioca cu gătire rapidă
- 1/2 cană lapte integral
- 1/2 cană lapte condensat
- Paie de ceai cu bule

Directii

a) Pune cafeaua prepreparată în frigider pentru a se răci complet - cel mai bine este câteva ore sau peste noapte.

b) Gatiti perlele de tapioca conform instructiunilor de pe ambalaj. (Nu le fierbi până nu ești gata de servire – se întăresc repede.) Lasă-le să se răcească într-un castron cu apă rece.

c) Transferați și împărțiți tapioca în patru pahare goale. Se toarnă cafeaua rece.

d) Într-o cană, amestecați ușor laptele și laptele condensat. Împărțiți uniform în pahare de cafea (ooh, uite ce frumos se învârte toate!).

e) Acoperiți cu câteva cuburi de gheață, puneți un pai și serviți imediat.

25. Cafea și mocktail Boba Earl Grey

Ingrediente

- 4 uncii de cafea concentrată de vanilie Cameleon Cold-Brew
- 3 uncii de ceai Earl Grey
- Plutitor de 2 uncii (băutură cu lapte la alegere)
- Perle de tapioca (Boba) acoperite cu miere sau zahăr
- Strop de cardamom presarat deasupra

Directii

a) Pregătiți boba și acoperiți cu miere sau zahăr.

b) Preparați ceai Earl Grey și răcoriți.

c) Acoperiți fundul paharului cu boba și puțin zahăr.

d) Combinați cafeaua concentrată de vanilie Cameleon Cold-Brew și Earl Grey.

e) Se toarnă peste boba.

f) Acoperiți cu smântână sau băutură din lapte la alegere.

g) Presărați cardamom deasupra și bucurați-vă!

26. Cafea-ceai verde din fructe de pădure

Ingrediente

- 1 plic de ceai verde
- 1/3 cană băutură cafea-fructe (cum ar fi mărcile Kona sau Bai)
- 1 lingurita coaja rasa de portocala
- Bete de scortisoara
- 1 lingurita miere
- 3 frunze de busuioc

Directii

a) Într-o cană mare, adăugați un plic de ceai verde la 6 oz. apă clocotită.

b) Adăugați băutura de cafea-fructe și coaja de portocală. Folosiți batoane de scorțișoară pentru a amesteca mierea.

c) Rupeți frunzele de busuioc și adăugați-le la ceai. Se înfundă, acoperit, timp de 5 minute. Scoateți plicul de ceai. Se serveste fierbinte.

CAFEA INFUZĂ CU FRUCTE

27. Frappuccino cu zmeură

Ingrediente :
- 2 cesti cuburi de gheata zdrobita
- 1 1/4 cesti cafea extra tare preparata
- 1/2 cană de lapte
- 2 linguri sirop de vanilie sau zmeura
- 3 linguri sirop de ciocolata
- Frisca

Directii
a) Combinați cuburile de gheață, cafeaua, laptele și siropurile într-un blender.
b) Se amestecă până se omogenizează.
c) Se toarnă în căni înalte de servire răcite sau în pahare de fântână cu sifon.
d) Acoperiți cu frișcă, stropiți deasupra ciocolată și sirop de zmeură.
e) Adăugați o cireșă maraschino dacă doriți

28. Mango Frappe

Ingrediente :
- 1 1/2 cană de mango, tăiată
- 4-6 cuburi de gheață
- 1 cană de lapte
- 1 lingura suc de lamaie
- 2 linguri de zahar
- 1/4 lingurita de extract de vanilie

Directii
a) Pune mango tăiat la congelator timp de 30 de minute
b) Combinați mango, laptele, zahărul, sucul de lămâie și vanilia într-un blender. Se amestecă până la omogenizare.
c) Adăugați cuburi de gheață și procesați până când cuburile sunt și ele netede.
d) Serviți imediat.

29. Cafea cu Zmeura

Ingrediente :
- 1/4 cană de zahăr brun
- Zaț de cafea pentru o oală de 6 căni de cafea obișnuită
- 2 lingurițe de extract de zmeură

Directii
a) Puneți extractul de zmeură în oala de cafea goală
b) Pune zahărul brun și zațul de cafea în filtrul de cafea
c) Adăugați cele 6 căni de apă deasupra și fierbeți oala.

30. Cafea de Crăciun

Ingrediente :
- 1 oală de cafea (echivalent cu 10 căni)
- 1/2 cană zahăr
- 1/3 cană apă
- 1/4 cana cacao neindulcita
- 1/4 lingurita scortisoara
- 1 praf de nucsoara rasa
- Frisca pentru topping

Directii
a) Pregătiți oala de cafea.
b) Într-o tigaie medie, încălziți apa la fierbere scăzută. Adăugați zahăr, cacao, scorțișoară și nucșoară.
c) Aduceți din nou la fierbere scăzut timp de aproximativ un minut - amestecând din când în când.
d) Combinați cafeaua și amestecul de cacao/condimente și serviți acoperit cu frișcă.

31. Cafea bogată din nucă de cocos

Ingrediente :
- 2 cesti jumatate si jumatate
- 15 oz. Cutie crema de cocos
- 4 cesti de cafea fierbinte
- Frisca indulcita

Directii
a) Aduceți jumătate și jumătate și smântâna de cocos la fiert într-o cratiță la foc mediu, amestecând continuu.
b) Se amestecă cafeaua.
c) Se serveste cu frisca indulcita.

32. Cafea Banana Ciocolata

Ingrediente :
- Faceți o oală de 12 căni de cafea obișnuită
- Adăugați 1/2-1 linguriță de extract de banană
- Adăugați 1-11/2 lingurițe de cacao

Directii
a) Combina
b) Atât de simplu... și perfect pentru o casă plină de oaspeți

33. Cafeaua Pădurea Neagră

Ingrediente :

- 6 oz. Cafea proaspăt preparată
- 2 linguri sirop de ciocolata
- 1 lingura suc de cirese Maraschino
- Frisca
- Ciocolata ras
- cireșe maraschino

Directii

a) Combinați cafeaua, siropul de ciocolată și sucul de cireșe într-o ceașcă. Amesteca bine.
b) Acoperiți cu frișcă, așchii de ciocolată și o cireșă sau 2.

34. Cafea Maraschino

Ingrediente :
- 1 ceasca de cafea neagra
- 1 oz. Amaretto
- Topping Whipped Rediwhip
- 1 cireș Maraschino

Directii
a) Umpleți cana sau ceașca de cafea cu cafea neagră fierbinte. Se amestecă amaretto.
b) Acoperiți cu topping rediwhip și o cireșă.

35. Cafea Ciocolata Migdale

Ingrediente :
- 1/3 cană cafea măcinată
- 1/4 linguriță nucșoară proaspăt măcinată
- 1/2 lingurita extract de ciocolata
- 1/2 linguriță extract de migdale
- 1/4 cana migdale prajite, tocate

Directii
a) Procesați nucșoară și cafea, adăugați extracte. Procesați cu 10 secunde mai mult. Se pune într-un bol și se amestecă în migdale. A se păstra la frigider.
b) Face 8 porții de șase uncii. Pentru preparare: Puneți amestecul în filtrul unei cafetiere automate cu picurare.
c) Adăugați 6 căni de apă și fierbeți

36. Cafea Soda Pop

Ingrediente :
- 3 căni de cafea răcită cu două tărie
- 1 lingura de zahar
- 1 cană Jumătate și jumătate
- 4 linguri (1 halbă) de înghețată de cafea
- 3/4 cană sifon răcit
- Frisca indulcita
- 4 cireșe Maraschino,
- Garnitură-bucle de ciocolată sau cacao

Directii
a) Combinați amestecul de cafea și zahăr în jumătate și jumătate.
b) Umpleți 4 pahare înalte de sifon pe jumătate cu amestecul de cafea
c) Adăugați o lingură de înghețată și umpleți paharele pănă la vârf cu sifon.
d) Se orneaza cu frisca, ciocolata sau cacao.
e) Un răsfăț minunat pentru petreceri
f) Utilizați un decofeină pentru petreceri cu tineri

37. Mocha semi-dulce

Ingrediente :
- 4 uncii. Ciocolată semidulce
- 1 lingura de zahar
- 1/4 cană smântână pentru frișcă
- 4 cesti de cafea fierbinte tare
- Frisca
- Coaja de portocala rasa

Directii
a) Topiți ciocolata într-o cratiță grea la foc mic.
b) Se amestecă zahărul și smântâna pentru frișcă.
c) Bateți cafeaua folosind un tel, 1/2 cană la o oră; continuă până devine spumos.
d) Acoperiți cu frișcă și stropiți cu coajă de portocală rasă.

38. Cafea vieneza

Ingrediente :

- 2/3 cană cafea instant uscată
- 2/3 cană zahăr
- 3/4 cană smântână pudră fără lapte
- 1/2 lingurita scortisoara
- Puneți fiecare din ienibahar, cuișoare și nucșoară măcinate.

Directii

a) Se amestecă toate ingredientele și se păstrează într-un borcan ermetic.
b) Se amestecă 4 lingurițe cu o cană de apă fierbinte.
c) Acesta este un cadou minunat.
d) Pune toate ingredientele într-un borcan de conserve.
e) Decorați cu o panglică și etichetă.
f) Eticheta ar trebui să aibă instrucțiunile de amestecare dactilografiate pe ea.

39. Espresso Romano

Ingrediente :
- 1/4 cană cafea măcinată fin
- 1 1/2 cani de apa rece
- 2 fasii de coaja de lamaie

Directii
a) Pune cafeaua măcinată în filtrul unui vas de cafea cu picurare
b) Adăugați apă și fierbeți conform instrucțiunilor de preparare a mașinii
c) Adăugați lămâie în fiecare ceașcă
d) Servi

CAFEA INFUSATA CU CACAO

40. Cappuccino Mocha cu gheață

Ingrediente :
- 1 lingurita sirop de ciocolata
- 1 cană espresso dublu fierbinte sau cafea foarte tare
- 1/4 cană Jumătate și jumătate
- 4 cuburi de gheață

Directii

a) Se amestecă siropul de ciocolată în cafeaua fierbinte până se topește. Într-un blender, combinați cafeaua cu jumătatea și cuburile de gheață.
b) Se amestecă la viteză mare timp de 2 până la 3 minute.
c) Serviți imediat într-un pahar înalt și rece.

41. Cafea cu gheață originală

Ingrediente :
- 1/4 cană cafea; instant, regulat sau decofeinizat
- 1/4 cană zahăr
- 1 litru sau litru de lapte rece

Directii
a) Se dizolvă cafeaua instant și zahărul în apă fierbinte. Se amestecă 1 litru sau un litru de lapte rece și se adaugă gheață. Pentru aroma moka, folosește lapte de ciocolată și adaugă zahăr după gust.
b) Se dizolvă 1 lingură de cafea instant și 2 lingurițe de zahăr în 1 lingură de apă fierbinte.
c) Adăugați 1 cană de lapte rece și amestecați.
d) Puteți îndulci cu un îndulcitor cu conținut scăzut de calorii în loc de zahăr

42. Cafea cu aromă de moca

Ingrediente :
- 1/4 cană smântână fără lapte uscat
- 1/3 cană zahăr
- 1/4 cană cafea instant uscată
- 2 linguri de cacao

Directii
a) Pune toate ingredientele în mixer, bate la mare până se omogenizează bine. Se amestecă 1 1/2 lingurițe cu o cană de apă fierbinte.
b) Păstrați în borcan ermetic. Cum ar fi un borcan de conserve.

43. Mocha mexican picant

Ingrediente :
- 6 uncii de cafea tare
- 2 linguri de zahăr pudră
- 1 lingurita Pudra de ciocolata macinata neindulcita
- 1/4 linguriță scorțișoară vietnameză Cassia
- 1/4 linguriță de ienibahar jamaican
- 1/8 lingurita Piper Cayenne
- 1-3 linguri de smântână grea sau jumătate și jumătate

Directii
a) Într-un castron mic, amestecați toate ingredientele uscate împreună.
b) Turnați cafeaua într-o cană mare, amestecați amestecul de cacao, până se omogenizează.
c) Se adauga apoi crema dupa gust.

44. Cafea de ciocolata

Ingrediente :
- 2 linguri cafea instant
- 1/4 cană zahăr
- 1 lingura de sare
- 1 oz. Ciocolata neîndulcită a lui Square
- 1 cană de apă
- 3 căni de lapte
- Frisca

Directii
a) Într-o cratiță combinați cafeaua, zahărul, sarea, ciocolata și apa; se amestecă la foc mic până se topește ciocolata. Se fierbe 4 minute, amestecând continuu.
b) Adaugati treptat laptele, amestecand continuu pana se incalzeste.
c) Când este fierbinte, se ia de pe foc și se bate cu un batător rotativ până când amestecul devine spumos.
d) Se toarnă în cupe și se aruncă pe suprafața fiecăreia câte o cupă de frișcă.

45. Cafea Mocha cu mentă

Ingrediente :
- 6 cesti de cafea proaspat preparata
- 1 1/2 cani de lapte
- 4 uncii de ciocolată semi-dulce
- 1 lingurita Extract de menta
- 8 batoane de mentă

Directii

a) Pune cafeaua, laptele, ciocolata într-o cratiță mare la foc mic timp de 5-7 minute sau până când ciocolata se topește, amestecul este încălzit, amestecă din când în când.
b) Se amestecă extractul de mentă
c) Se toarnă în căni
d) Se ornează cu un baton de mentă

46. Mocha espresso italian

Ingrediente :
- 1 cană de cafea instant
- 1 cană de zahăr
- 4 1/2 cani de lapte uscat degresat
- 1/2 cană cacao

Directii
a) Se amestecă toate ingredientele.
b) Procesați într-un blender până se pudră.
c) Utilizați 2 linguri la o cană mică de apă fierbinte.
d) Serviți în căni de espresso
e) Face aproximativ 7 căni de amestec
f) Păstrați într-un borcan etanș cu capac.
g) Borcanele de conserve funcționează bine pentru depozitarea cafelei.

47. Cafele de ciocolata

Ingrediente :
- 1/4 cană Espresso instant
- 1/4 cană cacao instant
- 2 căni de apă clocotită - cel mai bine este să folosiți apă care a fost filtrată
- Frisca
- Coaja de portocala maruntita fin sau scortisoara macinata

Directii

a) Combinați cafeaua și cacao. Adăugați apă clocotită și amestecați pentru a se dizolva. Se toarnă în căni demitasse. Acoperiți fiecare porție cu frișcă, coajă de portocală mărunțită și un strop de scorțișoară.

48. Cafea Amaretto Ciocolata

Ingrediente :
- Boabe de cafea Amaretto
- 1 lingură extract de vanilie
- 1 lingurita extract de migdale
- 1 lingurita pudra de cacao
- 1 lingurita zahar
- Frisca pentru ornat

Directii
a) Prepara cafea.
b) Adăugați extract de vanilie și migdale 1 linguriță de cacao și 1 linguriță de zahăr per cană.
c) Se orneaza cu frisca

49. Float de cafea ciocolată mentă

Ingrediente :
- 1/2 cană cafea fierbinte
- 2 linguri Crème de Cacao Lichior
- 1 lingură de înghețată cu ciocolată cu mentă

Directii
a) Pentru fiecare porție combinați 1/2 cană de cafea și 2 linguri
b) s de lichior.
c) Acoperiți cu o linguriță de înghețată.

50. Cafea cu cacao

Ingrediente :
- 1/4 cană cremă pudră fără lapte
- 1/3 cană zahăr
- 1/4 cană cafea instant uscată
- 2 linguri de cacao

Directii
a) Pune toate ingredientele într-un blender, amestecă la mare putere până se omogenizează bine.
b) Păstrați într-un borcan de conserve ermetic.
c) Se amestecă 1 1/2 linguri cu 3/4 cană apă fierbinte

51. Mocha cu alune de cacao

Ingrediente :
- 3/4 oz. Kahlua
- 1/2 cană cafea fierbinte cu alune
- 1 lingurita Nestle Quick
- 2 linguri Jumătate și jumătate

Directii
a) Combinați toate ingredientele .
b) S tues

52. Cafea Ciocolata Menta

Ingrediente :
- 1/3 cană cafea măcinată
- 1 lingurita Extract de ciocolata
- 1/2 lingurita Extract de menta
- 1/4 lingurita Extract de vanilie

Directii
a) Pune cafeaua în blender.
b) Într-o ceașcă, combinați extractele, adăugați extracte la cafea.
c) Procesați până se amestecă, doar câteva secunde.
d) A se pastra la frigider

53. Cafea cu lapte

Ingrediente :
- 2 cani de lapte
- 1/2 cană smântână groasă
- 6 cesti de cafea Louisiana

Directii
a) Combinați laptele și smântâna într-o cratiță; doar aduceți la fierbere (se vor forma bule în jurul marginii cratiței), apoi luați de pe foc.
b) Turnați o cantitate mică de cafea în fiecare ceașcă de cafea.
c) Se toarnă cafeaua rămasă și amestecul de lapte fierbinte până când ceștile sunt pline aproximativ 3/4.
d) Laptele degresat poate fi înlocuit cu laptele integral și smântâna.

54. Cafea italiană cu ciocolată

Ingrediente :
- 2 cesti de cafea tare fierbinte
- 2 căni de cacao tradițională fierbinte - încercați marca Hershey
- Frisca
- Coaja de portocala rasa

Directii

a) Combinați 1/2 cană de cafea și 1/2 cană de cacao în fiecare dintre cele 4 căni.
b) Acoperiți cu frișcă; se presară cu coajă de portocală rasă.

55. Mocha semi-dulce

Ingrediente :
- 4 uncii. Ciocolată semidulce
- 1 lingura de zahar
- 1/4 cană smântână pentru frișcă
- 4 cesti de cafea fierbinte tare
- Frisca
- Coaja de portocala rasa

Directii
a) Topiți ciocolata într-o cratiță grea la foc mic.
b) Se amestecă zahărul și smântâna pentru frișcă.
c) Bateți cafeaua folosind un tel, 1/2 cană la o oră; continuă până devine spumos.
d) Acoperiți cu frișcă și stropiți cu coajă de portocală rasă.

CAFEA INFUSATĂ CU CONDITIONARE

56. Cafea cu condimente de portocale

Ingrediente :
- 1/4 cană cafea măcinată
- 1 linguriță coajă de portocală rasă
- 1/2 lingurita extract de vanilie
- 1 1/2 batoane de scorțișoară

Directii
a) Pune cafeaua și coaja de portocală într-un blender sau robot de bucătărie.
b) Opriți procesorul suficient de mult pentru a adăuga vanilia.
c) Procesați încă 10 secunde.
d) Puneți amestecul într-un ulcior de sticlă cu bețișoarele de scorțișoară și puneți la frigider.

57. Cremă de cafea condimentată

Ingrediente :
- 2 căni Nestlé's rapid
- 2 cesti de crema de cafea pudra
- 1/2 cană zahăr pudră
- 3/4 linguriţe de scorţişoară
- 3/4 lingurite Nucsoara

Directii
a) Se amestecă toate ingredientele şi se păstrează într-un borcan ermetic.
b) Se amestecă 4 linguriţe cu o cană de apă fierbinte

58. Cafea condimentată cu cardamom

Ingrediente :
- 3/4 cană cafea măcinată
- 2 2/3 căni de apă
- Cardamom măcinat
- 1/2 cană lapte condensat îndulcit

Directii
a) Preparați cafea într-un stil de picurare sau filtru de cafea cu percolator.
b) Se toarnă în 4 căni.
c) La fiecare porție adăugați un strop de cardamom și 2 linguri de lapte condensat.
d) Se amestecă
e) Servi

59. Cafe de Ola

Ingrediente :
- 8 căni de apă filtrată
- 2 batoane mici de scorțișoară
- 3 cuișoare întregi
- 4 uncii de zahăr brun închis
- 1 pătrat de ciocolată semidulce sau ciocolată mexicană
- 4 uncii de cafea măcinată

Directii

a) Aduceți apa la fiert.
b) Se adauga scortisoara, cuisoarele, zaharul si ciocolata.
c) Aduceți din nou la fiert, îndepărtați orice spumă.
d) Reduceți focul la mic și NU LĂSAȚI SA FIORBE
e) Adăugați cafeaua și lăsați la macerat timp de 5 minute.

60. Cafea cu migdale cu vanilie

Ingrediente :
- 1/3 cana cafea macinata
- 1 lingurita Extract de vanilie
- 1/2 lingurita Extract de migdale
- 1/4 linguriță de semințe de anason

Directii
a) Pune cafeaua într-un blender
b) Combinați ingredientele rămase într-o ceașcă separată
c) Adăugați extractul și semințele în cafea din blender
d) Procesați până se combină
e) Utilizați amestecul ca de obicei când preparați cafeaua
f) Face porții de 8-6 uncii
g) Păstrați porția nefolosită la frigider

61. Java arab

Ingrediente :
- 1 gal de apă filtrată
- 3 linguri de cafea
- 3 linguri de zahăr
- 1/4 lingurita de scortisoara
- 1/4 linguriță de cardamom
- 1 lingurita de zahar vanilat sau vanilat

Directii
a) Amestecați toate ingredientele într-o cratiță și încălziți până când se adună spuma deasupra.
b) Nu treceți prin filtru.
c) Se amestecă înainte de servire

62. Cafea cu miere

Ingrediente :
- 2 cesti de cafea proaspata
- 1/2 cană de lapte
- 4 linguri de miere
- 1/8 linguriță scorțișoară
- Dash Nucsoara sau Ienibahar
- Picătură sau 2 de extract de vanilie

Directii
a) Încinge ingredientele într-o cratiță, dar nu fierbe.
b) Se amestecă bine pentru a combina ingredientele.
c) O cafea delicioasă de desert.

63. Cafe Vienna Desire

Ingrediente :
- 1/2 cană cafea instant
- 2/3 cană zahăr
- 2/3 cană lapte fără grăsimi
- 1/2 lingurita scortisoara
- 1 praf de cuisoare - se potriveste dupa gust
- 1 praf de ienibahar - se potriveste dupa gust
- 1 praf de nucsoara se regleaza la cheie

Directii
a) Amestecă toate ingredientele împreună
b) Folosește un blender pentru a amesteca într-o pudră foarte fină. Utilizați 1 lingură per cană de apă caldă filtrată.

64. Cafea condimentată cu scorțișoară

Ingrediente :
- 1/3 cană cafea instant
- 3 linguri de zahăr
- 8 cuișoare întregi
- Baton de scorțișoară de 3 inci
- 3 căni de apă
- Frisca
- Scorțișoară măcinată

Directii

a) Combinați 1/3 cană de cafea instant, 3 linguri de zahăr, cuișoare, scorțișoară și apă.
b) Acoperiți, aduceți la fierbere. Se ia de pe foc si se lasa sa stea, acoperit, aproximativ 5 minute sa se infuzeze.
c) Încordare. Se toarnă în căni și se adaugă fiecare cu o lingură de frișcă. Adăugați un strop de scorțișoară.

65. Espresso cu scorțișoară

Ingrediente :
- 1 cană apă rece
- 2 linguri cafea espresso macinata
- 1/2 baton de scortisoara (3" lungime)
- 4 lingurite Creme de Cacao
- 2 lingurite Rachiu
- 2 linguri Smântână pentru frişcă, răcită Ciocolată semidulce rasă pentru ornat

Directii

a) Utilizați espressorul pentru o cafea ta sau cu o cantitate mică de apă filtrată.

b) Rupeți un baton de scorțișoară în bucăți mici și adăugați-l în espressoul fierbinte.

c) Se lasa sa se raceasca 1 minut.

d) Adăugați crema de cacao și coniac și amestecați ușor. Se toarnă în demitasse

e) cupe. Bateți smântâna și puneți niște smântână deasupra fiecărei cești. Se ornează cu ciocolată rasă sau bucle de ciocolată.

66. Cafea condimentată mexicană

Ingrediente :
- 3/4 cană zahăr brun, ambalat ferm
- 6 cuișoare
- 6 felii julienne de coajă de portocală
- 3 batoane de scortisoara
- 6 linguri . Cafea adevărată preparată

Directii
a) Într-o cratiță mare, încălziți 6 căni de apă cu zahărul brun, batoanele de scorțișoară și cuișoarele la foc moderat până când amestecul este fierbinte, dar nu lăsați să fiarbă. Adăugați cafeaua, aduceți amestecul la fiert, amestecând din când în când, timp de 3 minute.
b) Se strecoară cafeaua printr-o sită fină și se servește în căni de cafea cu coaja de portocală.

67. Cafea vietnameză cu ou

Ingrediente :
- 1 ou
- 3 lingurițe de pudră de cafea vietnameză
- 2 lingurite de lapte condensat indulcit
- Apa clocotita

Directii

a) Preparați o ceașcă mică de cafea vietnameză.
b) Spargeți un ou și aruncați albușurile.
c) Puneți gălbenușul și laptele condensat îndulcit într-un castron mic și adânc și amestecați energic până ajungeți la un amestec spumos, pufos ca cel de mai sus.
d) Adăugați o lingură de cafea preparată și amestecați-o.
e) Într-o ceașcă de cafea limpede, turnați cafeaua preparată și apoi adăugați amestecul de ouă pufos deasupra.

68. Cafea turcească

Ingrediente :
- 3/4 cană apă
- 1 lingura de zahar
- 1 lingurita cafea pulverizata
- 1 capsule de cardamom

Directii
a) Aduceți apă și zahăr la fiert.
b) Se ia de pe foc - se adauga cafeaua si cardamomul
c) Se amestecă bine și se întoarce la căldură.
d) Cand cafeaua face spuma, se ia de pe foc si se lasa zatul sa se aseze.
e) Repetați încă de două ori. Se toarnă în căni.
f) Zatul de cafea trebuie sa se aseze inainte de a o bea.
g) Puteți servi cafeaua cu păstaia de cardamom în ceașcă - alegerea dvs

Sfaturi pentru cafea turcească
h) Trebuie servit întotdeauna cu spumă deasupra
i) Puteți solicita ca cafeaua dvs. să fie măcinată pentru cafea turcească - este o consistență de pulbere.
j) Nu amestecati după turnare în căni, deoarece spuma se va prăbuși
k) Utilizați întotdeauna apă rece când pregătiți
l) La cafeaua turcească nu se adaugă niciodată smântână sau lapte; cu toate acestea, zahărul este opțional

69. Latte cu dovleac condimentat

Ingrediente :
- 2 linguri de dovleac conservat
- 1/2 linguriță de condiment pentru plăcintă de dovleac, plus mai mult pentru ornat
- Piper negru proaspăt măcinat
- 2 linguri de zahar
- 2 linguri extract pur de vanilie
- 2 cani de lapte integral
- 1 până la 2 shot-uri de espresso, aproximativ 1/4 cană
- 1/4 cană smântână groasă, bătută până se formează vârfuri ferme

Directii

a) Încălziți dovleacul și condimentele: Într-o cratiță mică, la foc mediu, gătiți dovleacul cu condimentul pentru plăcintă de dovleac și o porție generoasă de piper negru timp de 2 minute sau până când este fierbinte și miroase a fiert. Se amestecă constant.

b) Adăugați zahărul și amestecați până când amestecul arată ca un sirop gros cu bule.

c) Se amestecă laptele și extractul de vanilie. Se încălzește ușor la foc mediu, urmărind cu atenție pentru a vă asigura că nu fierbe.

d) Procesați cu grijă amestecul de lapte cu un blender de mână sau într-un blender tradițional (ține capacul strâns cu o bucată groasă de prosoape!) până devine spumos și se omogenizează.

e) Amestecați băuturile: faceți espresso-ul sau cafeaua și împărțiți între două căni și adăugați laptele spumat.
f) Acoperiți cu frișcă și un strop de condiment pentru plăcintă de dovleac, scorțișoară sau nucșoară, dacă doriți.

70. Caramel Latte

Ingrediente :
- 2 uncii de espresso
- 10 uncii de lapte
- 2 linguri de sos de caramel de casă plus mai mult pentru stropire
- 1 lingura zahar (optional)

Directii
a) Turnați espresso-ul într-o cană.
b) Pune laptele într-un borcan larg de sticlă sau de sticlă și pune la microunde timp de 30 de secunde până când este foarte fierbinte, dar nu fierbe.
c) Alternativ, încălziți laptele într-o cratiță la foc mediu timp de aproximativ 5 minute până când este foarte fierbinte, dar nu dă în clocot, urmărindu-l cu atenție.
d) Adăugați sosul de caramel și zahărul (dacă este folosit) în laptele fierbinte și amestecați până se dizolvă.
e) Folosind un spumant de lapte spuma laptele până nu vezi bule și obții o spumă groasă, 20 până la 30 de secunde. Învârtiți paharul și atingeți-l ușor pe blat în mod repetat pentru a sparge bulele mai mari. Repetați acest pas după cum este necesar.
f) Folosind o lingură pentru a reține spuma, turnați laptele în espresso. Se pune deasupra spuma rămasă.

CAFEA PERFUZĂ CU ALCOOL

71. Cafea cu rom

Ingrediente :
- 12 oz. Cafea proaspătă măcinată, de preferință ciocolată mentă sau ciocolată elvețiană
- 2 oz. Sau mai multe 151 Camere
- 1 lingura mare frisca
- 1 oz. Bailey's Irish Cream
- 2 linguri sirop de ciocolata

Directii
a) Cafeaua proaspătă măcinată.
b) Băutură.
c) Într-o cană mare, puneți cele 2+ oz. de 151 de camere în partea de jos.
d) Turnați cafeaua fierbinte în cană la 3/4 din sus.
e) Adăugați Bailey's Irish Cream.
f) Se amestecă.
g) Acoperiți cu frișcă proaspătă și stropiți cu sirop de ciocolată.

72. Cafea irlandeză Kahlua

Ingrediente :
- 2 oz. Kahlua sau lichior de cafea
- 2 oz. Whisky irlandez
- 4 cesti cafea fierbinte
- 1/4 cană smântână pentru frișcă, bătută

Directii

a) Turnați o jumătate de uncie de lichior de cafea în fiecare ceașcă. Adăugați o jumătate de uncie de whisky irlandez la fiecare
b) ceașcă. Turnați cafea fierbinte proaspăt preparată, amestecați. Linguri două grămadă
c) lingura de frisca peste fiecare. Serviți fierbinte, dar nu atât de fierbinte încât să vă pârjoliți buzele.

73. Cappuccino irlandez al lui Bailey

Ingrediente :
- 3 oz. Bailey's Irish Cream
- 5 oz. cafea fierbinte -
- Topping pentru desert la conserva
- 1 lingura de nucsoara

Directii

a) Turnați Bailey's Irish Cream într-o cană de cafea.
b) Umpleți cu cafea neagră fierbinte. Acoperiți cu un singur spray de topping pentru desert.
c) Pudrați toppingul pentru desert cu un strop de nucșoară

74. Cafea cu rachiu

Ingrediente :
- 3/4 cană cafea tare fierbinte
- 2 uncii de coniac
- 1 lingurita zahar
- 2 uncii de cremă grea

Directii

a) Turnați cafeaua într-o cană înaltă. Adăugați zahărul și amestecați pentru a se dizolva.
b) Adăugați brandy-ul și amestecați din nou. Se toarnă smântâna, peste dosul unei lingurițe în timp ce o țineți, puțin deasupra vârfului cafelei din ceașcă. Acest lucru îi permite să plutească.
c) Servi.

75. Kahlua și sos de ciocolată

Ingrediente :
- 6 cesti cafea fierbinte
- 1 cană sirop de ciocolată
- 1/4 cană Kahlua
- $\frac{1}{8}$ linguriţe de scorţişoară măcinată
- Frisca

Directii
a) Combinaţi cafeaua, siropul de ciocolată, Kahlua şi scorţişoara într-un recipient mare; amesteca bine.
b) Serviţi imediat. Acoperiţi cu frişcă.

76. Lichior de cafea de casă

Ingrediente :
- 4 căni de zahăr
- 1/2 cană cafea instant - folosește apă filtrată
- 3 căni de apă
- 1/4 lingurita Sare
- 1 1/2 cani de vodca, rezistenta
- 3 linguri de vanilie

Directii

a) Combinați zahărul și apa; se fierbe până se dizolvă zahărul. Reduceți focul la fiert și fierbeți 1 ora.
b) EASY COOL.
c) Se amestecă vodca și vanilia.

77. Cafea Kahlua Brandy

Ingrediente :
- 1 uncie de Kahlua
- 1/2 uncie de coniac
- 1 cană de cafea fierbinte
- Frisca pentru topping

Directii
a) Adăugați Kahlua și brandy în cafea
b) Se orneaza cu frisca

78. Lime Tequila Espresso

Ingrediente :
- Două doză de espresso
- 1 shot de Tequila albă
- 1 lime proaspătă

Directii
a) Pune o felie de lime pe marginea unui pahar de espresso.
b) Turnați o doză dublă de espresso peste gheață.
c) Adăugați o singură doză de Tequila albă
d) Servi

79. Cafea cu brandy îndulcită

Ingrediente :
- 1 cană de cafea proaspăt preparată
- 1 oz. Lichior de cafea
- 1 lingurita sirop de ciocolata
- 1/2 oz. Coniac
- 1 strop de scorțișoară
- Frisca dulce

Directii
a) Combinați lichior de cafea, coniac, siropul de ciocolată și scorțișoară într-o cană. Umpleți cu cafea proaspăt preparată.
b) Acoperiți cu frișcă.

80. Dinner Party Cafea

Ingrediente :
- 3 cesti de cafea decofeinizata foarte fierbinte
- 2 linguri de zahăr
- 1/4 cană rom deschis sau închis

Directii
a) Combinați cafeaua foarte fierbinte, zahărul și romul într-o oală încălzită.
b) Dublați cât este necesar.

81. Cafea dulce de arțar

Ingrediente :
- 1 cană Jumătate și jumătate
- 1/4 cană sirop de arțar
- 1 cană cafea fierbinte preparată
- Frisca indulcita

Directii

a) Gatiti jumatate si jumatate si siropul de artar intr-o cratita la foc mediu. Se amestecă constant, până când se încălzește bine. Nu lăsați amestecul să fiarbă.
b) Se amestecă cafeaua și se servește cu frișcă îndulcită.

82. Visul Dublin

Ingrediente :

- 1 lingurita cafea instant
- 1 1/2 linguri Ciocolata fierbinte instant
- 1/2 oz. Lichior de smântână irlandez
- 3/4 cană apă clocotită
- 1/4 cană frișcă

Directii

a) Într-un pahar de cafea irlandeză, puneți toate ingredientele cu excepția frișcă.
b) Se amestecă până se amestecă bine și se ornează cu frișcă.

83. Cafeaua Di Saronno

Ingrediente :
- 1 oz. Di saronno amaretto
- 8 oz. Cafea
- Frisca

Directii
a) Amestecați Di Saronno Amaretto cu cafea, apoi acoperiți cu frișcă.
b) Serviți în căni de cafea irlandeză.

84. Cafea Baja

Ingrediente :
- 8 căni de apă fierbinte
- 3 linguri granule de cafea instant
- 1/2 cană lichior de cafea
- 1/4 cană Crème de Cacao lichior
- 3/4 cană frișcă
- 2 linguri de ciocolată demidulce, rasă

Directii

a) În aragazul lent, combinați apa fierbinte, cafeaua și lichiorurile.
b) Acoperiți și încălziți la LOW 2-4 ore. Puneți în căni sau pahare termorezistente.
c) Acoperiți cu frișcă și ciocolată rasă.

85. Cafea Praline

Ingrediente :

- 3 cesti de cafea fierbinte
- 3/4 cană Jumătate și jumătate
- 3/4 cani de zahăr brun ambalat ferm
- 2 linguri de unt sau margarina
- 3/4 cană lichior de praline
- Frisca indulcita

Directii

a) Gătiți primele 4 ingrediente într-o cratiță mare la foc mediu, amestecând constant, până când se încălzesc bine, nu fierbe.

b) Se amestecă lichior; se serveste cu frisca indulcita.

86. Cafea cu vodka

Ingrediente :
- 2 cesti de zahar brun inchis ambalat ferm
- 1 cană zahăr alb
- 2 1/2 căni de apă
- 4 căni Bucăți de nuci pecan
- 4 boabe de vanilie împărțite pe lungime
- 4 căni de vodcă

Directii
a) Combinați zahărul brun, zahărul alb și apa într-o cratiță la foc mediu, până când amestecul începe să fiarbă. Reduceți focul și fierbeți timp de 5 minute.
b) Puneți boabele de vanilie și nucile pecan într-un borcan mare de sticlă (deoarece se obține 4 1/2 căni Turnați amestecul fierbinte în borcan și lăsați să se răcească. Adăugați vodca
c) Acoperiți strâns și depozitați într-un loc întunecat. Întoarce borcanul în fiecare zi pentru următoarele 2 săptămâni pentru a menține toate ingredientele combinate. După 2 săptămâni, strecurați amestecul, aruncând solidele.

87. Cafeneaua Amaretto

Ingrediente :
- 1 1/2 cană apă caldă
- 1/3 cană Amaretto
- 1 lingura de cristale de cafea instant
- Topping cu frișcă

Directii

a) Amestecați apa și cristalele de cafea instant într-un vas care poate fi folosit la microunde.
b) Cuptorul cu microunde neacoperit, la 100% putere, timp de aproximativ 3 minute sau doar până când devine fierbinte.
c) Se amestecă Amaretto. Serviți în căni de sticlă transparentă. Acoperiți fiecare cană de amestec de cafea cu un topping pentru desert.

88. Cafe Au Cin

Ingrediente :
- 1 cană cafea prăjită rece, tare, franceză
- 2 linguri de zahăr granulat
- strop de scorțișoară
- 2 oz. Port tawny
- 1/2 lingurita coaja de portocala rasa

Directii
a) Combinați și amestecați într-un blender la viteză mare.
b) Se toarnă în pahare de vin răcite.

89. Cappuccino cu țepi

Ingrediente :
- 1/2 cană Jumătate și jumătate
- 1/2 cană espresso proaspăt preparat
- 2 linguri Rachiu
- 2 linguri rom alb
- 2 linguri de cremă de cacao neagră
- Zahăr

Directii
a) Se bate jumătate și jumătate într-o cratiță mică la foc mare până devine spumos, aproximativ 3 minute.
b) Împărțiți cafeaua espresso între 2 căni. Adăugați jumătate din coniac și jumătate din crema de cacao în fiecare ceașcă.
c) Se bate din nou jumătate și jumătate și se toarnă în cești.
d) Zahărul este opțional

90. Cafea gaelică

Ingrediente :
- Cafea neagra; proaspăt făcută
- whisky scoțian
- Zahăr brun brut
- Frisca adevarata; batuta pana devine usor gros

Directii
a) Turnați cafeaua într-un pahar încălzit.
b) Adaugati whisky-ul si zaharul brun dupa gust. Amesteca bine.
c) Turnați niște frișcă ușor bătută în pahar peste spatele unei lingurițe care se află chiar deasupra vârfului lichidului din ceașcă.
d) Ar trebui să plutească puțin.

91. Cafea cu whisky de secară

Ingrediente :
- 1/4 cană sirop de arțar; pur
- 1/2 cană de whisky de secară
- 3 cesti de cafea; fierbinte, negru, putere dublă

Toppinguri:
- 3/4 cana de frisca
- 4 lingurite sirop de artar pur

Directii
a) Topping-Se bate 3/4 cana de frisca cu cele 4 lingurite de sirop de artar pana formeaza o movila moale.
b) Împărțiți siropul de arțar și whisky-ul în 4 căni de sticlă rezistente la căldură preîncălzite.
c) Turnați cafeaua la 1 inch de sus.
d) Topping cu lingura peste cafea.
e) Servi

92. Cafea cu rachiu de cirese

Ingrediente :
- 1/2 uncie rachiu de cirese
- 5 uncii de cafea neagră proaspătă
- 1 lingurita zahar frisca
- Cireșe Maraschino

Directii

a) Turnați cafeaua și țuica de cireșe într-o ceașcă de cafea și adăugați zahărul pentru a îndulci.

b) Acoperiți cu frișcă și o cireșă maraschino.

93. Cafea daneză

Ingrediente :
- 8 c Cafea fierbinte
- 1 c Cameră întunecată
- 3/4 c zahăr
- 2 batoane de scortisoara
- 12 cuișoare (întregi)

Directii

a) Într-o cratiță grea foarte mare, combinați toate ingredientele, acoperiți și țineți la foc mic aproximativ 2 ore.

b) Serviți în căni de cafea.

94. Whisky Shooter

Ingrediente :
- 1/2 cană lapte degresat
- 1/2 cană iaurt simplu cu conținut scăzut de grăsimi
- 2 lingurite de zahar
- 1 lingurita praf de cafea instant
- 1 lingurita whisky irlandez

Directii
a) Pune toate ingredientele într-un blender la viteză mică.
b) Amestecă până vezi că ingredientele tale sunt încorporate unele în altele.
c) Utilizați un pahar shake înalt pentru prezentare.

95. Irlandeză veche bună

Ingrediente :
- 1,5 uncii de lichior de cremă irlandeză
- 1,5 uncii de whisky irlandez
- 1 cană cafea fierbinte preparată
- 1 lingura frisca
- 1 strop de nucsoara

Directii
a) Într-o cană de cafea, combinați smântâna irlandeză și The Irish Whisky.
b) Umple cana cu cafea. Deasupra cu o praf de frisca.
c) Se ornează cu un strop de nucșoară.

96. Bushmills Irish Coffee

Ingrediente :
- 1 1/2 uncii de whisky irlandez Bushmills
- 1 lingurita zahar brun (optional)
- 1 strop Creme de menthe, verde
- Cafea proaspătă extra tare
- Frisca

Directii

a) Turnați whisky în ceașca de cafea irlandeză și umpleți până la 1/2 inch de deasupra cu cafea. Adăugați zahăr după gust și amestecați. Acoperiți cu frișcă și stropiți deasupra creme de menthe.

b) Scufundați marginea paharului în zahăr pentru a acoperi marginea.

97. Cafea irlandeză neagră

Ingrediente :
- 1 ceasca de cafea tare
- 1 1/2 oz. whisky irlandez
- 1 lingurita zahar
- 1 linguri Frisca

Directii

a) Amestecați cafeaua, zahărul și whisky-ul într-o cană mare care poate fi folosită la microunde.

b) Puneți la microunde la putere maximă timp de 1 până la 2 minute . Acoperiți cu frișcă

c) Atenție când bei, poate avea nevoie de un moment pentru a se răci.

98. Cafea irlandeză cremoasă

Ingrediente :
- 1/3 cană lichior de cremă irlandeză
- 1 1/2 cani de cafea proaspat preparata
- 1/4 cană smântână grea, ușor îndulcită și bătută

Directii
a) Împărțiți lichiorul și cafeaua între 2 căni.
b) Acoperiți cu frișcă.
c) Servi.

99. Cafea irlandeză de modă veche

Ingrediente :
- 3/4 cană apă caldă
- 2 linguri de whisky irlandez
- Topping pentru desert
- 1 1/2 linguri Cristale de cafea instant
- Zahăr brun după gust

Directii
a) Combinați apa și cristalele de cafea instant. Cuptorul cu microunde, descoperit, pornit
b) Putere 100% aproximativ 1 1/2 minut sau doar până când devine fierbinte. Se amestecă whisky irlandez și zahăr brun.

100. Cremă Lichior Latte

Ingrediente :
- 1 parte de lichior de smântână
- 1½ părți de vodcă

Directii

a) Se agită cu gheață și se strecoară într-un pahar Martini.

b) Bucurați-vă

CONCLUZIE

Cu fiecare rețetă savurată și fiecare notă aromată prețuită, ne încheiem călătoria prin paginile „Colecției de rețete pentru un iubitor de cafea". Simfonia aromelor, poezia aromei și arta prezentării, toate se reunesc în domeniul preparării cafelei. . După cum ați descoperit, cafeaua nu este doar o băutură; este o experiență care îți angajează toate simțurile și surprinde momente în timp.

Sperăm că aceste rețete au aprins o nouă pasiune pentru fabricarea cafelei și v-au inspirat să experimentați cu arome, tehnici și atingeri personale. Lăsați bucuria de a vă prepara propria ceașcă de perfecțiune să infuzeze în fiecare zi o notă de eleganță și răsfăț.

Din inima culturii cafelei până la a ta, îți mulțumim că ni ești alături în această călătorie. Fie ca cafeaua ta să fie întotdeauna preparată la perfecțiune și fiecare înghițitură să te aducă mai aproape de esența adevăratei beatitudini.

www.ingramcontent.com/pod-product-compliance
Lightning Source LLC
LaVergne TN
LVHW021703060526
838200LV00050B/2481